AF258121

ROUTE

DES

BONAPARTISTES, LÉGITIMISTES

ET ORLÉANISTES

ROUTE

DES

BONAPARTISTES, LÉGITIMISTES

ET ORLÉANISTES

PAR

M. BARTHÉLEMY

Prix : 50 centimes

PARIS

E. LACHAUD, ÉDITEUR

PLACE DU THÉATRE FRANÇAIS

1871

ROUTE

DES

BONAPARTISTES, LÉGITIMISTES

ET ORLÉANISTES

« Ne nous flattons donc pas,
« Voyons sans indulgence
« L'état de notre conscience. »
(LAFONTAINE.)

Si le plus célèbre des fabulistes, grand politique, eût vécu de notre temps, il vous eût dit de vous étudier, de vous examiner à fonds, Messieurs les Bonapartistes, les Légitimistes et les Orléanistes. Quant à nous, nous vous demanderons, quel que soit le parti auquel vous apparteniez, Messieurs, à quoi des hommes de cœur et d'honneur doivent-ils aspirer? N'est-ce pas au salut de la patrie, excellente fille que nous devons entourer d'un profond respect, de toutes sortes de prévenances et dont le cœur ne veut appartenir qu'à de dignes serviteurs?

Napoléon, Philippe, Chambord et autres, cessez des tiraillements qui n'aboutiraient qu'à trancher l'existence de celle que nous appelons, à bon droit, notre Mère.

Laissons librement se débattre l'infortunée créature qui a vu la plupart de ses enfants violemment arrachés; laissons-la distinguer parmi ceux qui lui restent ceux qui peuvent réparer les injures de la fortune, et qu'elle aura soin de discerner d'autant mieux qu'elle a été d'autant plus longtemps instruite à l'école des plus accablants revers.

C'est à vous surtout, illustres prétendants à ses faveurs, à l'aider, car ce que vous possédez en trop lui appartient, et que vous lui avez d'autant plus fait de mal qu'elle vous avait d'autant plus haut placés dans son estime. Semblablement à de jeunes étourdis qui torturent leurs parents en se lançant dans tous les plaisirs que peut procurer l'or, ainsi vous n'avez utilisé les richesses qu'elle a mis à votre disposition que pour vous donner des satisfactions plus coupables encore.

Cependant elle vous traite sur un pied d'égalité au risque de déplaire à ses autres fils qu'elle a moins favorisés que vous; elle vous fait même prendre place parmi eux en vous témoignant la même amitié; assise au milieu des siens réunis et présentant ses observations : « Examinons, dit-elle, mes bons et chers amis, si c'est en vous que je puis m'attendre à trouver un protecteur.

« Il y a vingt ans, vous deviez être cet auguste personnage M. Napoléon, rejeton d'un demi-dieu, et qui ne rougissiez pas de me déclarer que nul autre au monde n'était comparable à vous pour le caractère, la science... en un mot pour les qualités physiques et morales. Vous vîtes alors ma grande âme, à laquelle vous aviez ôté à mon insu tout moyen de contrôle, comme par un penchant naturel se laisser entraîner vers vous. Oh ! ne rougissez pas d'en faire l'aveu, vous me trompâtes alors comme vous m'avez toujours trompée depuis.

« Vous m'assurez aujourd'hui, ce que, pour être moi-même moins sévère, je veux bien admettre, que vous avez agi sans discernement. — Mais après une longue série de luttes sanglantes et d'assassinats même désavoués, de dilapidations même fortuites, de catastrophes même déplorées, pouvez-vous être bien venu à dire, tout comme un enfant, que vous ne l'avez pas fait exprès, et votre légèreté déclarée ne devrait-elle pas non-seulement vous fermer la porte de mes bonnes grâces, mais vous rendre encore l'objet d'un châtiment de ma part ?

« Pour prix de mon pardon, un peu de patriotisme, Monsieur Napoléon, et laissez-moi ce que vous m'avez tant promis au début : la paix.

« Quant à vous, être divin, M. le comte de Chambord, à qui la violence paraît ne pas être nécessaire pour arriver à posséder votre bien-aimée qui, vous ap·

paraissant, probablement dans un doux songe, vous aurait dit : « Je souffre, viens recevoir ma main et ne « m'abandonne pas à un autre qu'à toi. » Quant à vous, dis-je, noble descendant de saint Louis, seriez-vous assez bon médecin pour me sauver de la fâcheuse extrémité dans laquelle vous me voyez réduite, et dans le cas où il en serait ainsi, ne seriez-vous pas par trop téméraire en cherchant à entreprendre seul une cure considérée comme étant presque impossible ? Plus la confiance de la malade est grande et plus ne devez-vous pas redoubler de précautions, vous entourer des conseils éclairés de ceux-là même qui, quoique n'étant pas entièrement de votre opinion, ont à cœur, autant que vous, sa conservation ?

« Mais j'allais oublier que vous pouvez tout et même frapper du pied le sol pour en faire sortir des légions qui rétabliraient le pouvoir temporel du pape. S'il en est ainsi, soyez de suite le chef de notre famille ; apparaissez, mais dispersez auparavant les soldats du roi d'Italie ; arrachez avant tout aussi vos frères au joug d'un impitoyable vainqueur, et alors vous occuperez chez moi la meilleure place.

« Mais quoi ! mon imagination, à l'exemple de la vôtre, allait aussi s'égarer ; j'étais même sur le point d'oublier que vos nobles aïeux, depuis le premier jusqu'au dernier, ne m'ont fait renaître que pour me faire mourir mille fois encore et que vous pouvez avoir hérité de leurs vices comme de leurs vertus.

Du reste, M. Chambord, qui avouez être si puissant, vous avez par cela même déclaré que vous me susci-

teriez beaucoup d'ennemis. Soyez désintéressé, lais-
sez, je vous en supplie, la palme à des amis expéri-
mentés dans l'art de guérir insensiblement. Faites
consister votre rôle en actions pieuses, sacrifices, au-
mônes, pèlerinages, mortifications ou plutôt, Cham
bord, vous bornant à honorer les maîtres de la science
sacrée de la politique, soyez l'Hercule d'Omphale
auprès de votre bonne, digne et aimable souveraine,
qui, pour ne pas vous rendre par trop jaloux et pour
d'autres motifs encore, ne veut pas aller se percher
sur la branche trop flexible des d'Orléans.

« Messieurs les membres de cette famille, en venant
m'exposer que vous avez conscience de vos droits, de
votre grandeur, de votre destinée, vous me taxez par
cela même d'injustice et me déclarez ainsi ouvertement la guerre. Je ne suis à vos yeux qu'une spolia-
trice. Donc, avec vous, si je veux maintenir mes justes
prétentions, la lutte serait vive, acharnée ; oui, je sens
que votre animosité me serait fatale, et qu'après avoir
offert à l'univers entier pendant de longues années
peut-être un écœurant spectacle, je pourrais sombrer
si, pour me tenir en garde contre vos traits, je ne m'a-
britais sous le bouclier des braves protecteurs de tous
mes droits. Malgré cela, venez aussi, vous-mêmes,
vous abriter sous les plis de mon manteau dans lequel
vous trouverez le calme que vous avez vainement cher-
ché loin de moi.

« Je vous en conjure tous, Messieurs, soyez un peu
plus modestes et beaucoup moins présomptueux.
Écoutez la voix de la raison, la voix de la conscience,

et faites des vœux afin que celle que vous dites aimer passionnément, et que vous voyez aujourd'hui blessée, meurtrie, languissante, tombe entre les mains d'excellents chirurgiens qui panseront ses blessures, de prudents médecins qui travailleront à lui rendre la vie, la force, et qui la mettront ensuite à l'abri de tout danger. En agir autrement, ce serait manquer de lucidité et vouloir, qu'à son grand regret, elle vous fasse ouvrir la porte d'une maison d'aliénés, après vous avoir tendu ses bras et pressés les uns après les autres sur son sein avec amour. »

Tour à tour inhumainement abandonnée par tant d'enfants prodigues, la France, dans un état des plus pitoyables, a été provisoirement recueillie par un de ses fils qui, quoique n'étant pas de sang royal, ne lui en a pas moins communiqué un sang bien plus généreux encore. Sa tête languissante s'est aussi ranimée aux rayons du soleil de son génie, et elle a pu entendre ensuite son bienfaiteur la rassurer mieux encore en lui faisant connaître à sa grande satisfaction quels étaient ses vrais sentiments à son égard.

M. Thiers, le regard baissé, la douleur peinte sur le visage en présence de sa profonde détresse, en lui offrant un asile, lui a dit : « Madame, vous pouvez rester chez moi jusqu'au complet rétablissement de vos forces; quand vous jugerez mes soins superflus, vous me quitterez, me laissant en récompense de mes peines l'indicible satisfaction de vous admirer et de veiller sur vos pas en bon père de famille. »

Quelle autre conclusion peut-on tirer de ces belles

paroles du Chef du pouvoir exécutif, si ce n'est celle-ci : « Sois toujours libre, ô ma Patrie ? » Tous les gouvernements précédents lui ont toujours tenu un langage contraire, ou plutôt des discours que nous pouvons résumer ainsi : « France, soit que vous vous soyez donnée à moi de gré ou de force, je vous tiens, je vous enchaîne. » Voilà pourquoi cette héroïque captive a tant perdu de sang chaque fois qu'elle a voulu briser les liens dont l'accablaient toujours des maîtres barbares.

Le port qui l'abrite maintenant est parfaitement sûr : puisse-t-elle s'y reposer de longues années et n'en sortir qu'appuyée sur les épaules de ses plus robustes défenseurs, précédée de ses meilleurs et de ses plus intrépides pilotes !

Quant à vous, Messieurs les Bonapartistes, les Légitimistes et les Orléanistes, qui aurez comme nous l'honneur insigne de marcher à la suite du cortége, ne cherchez pas à sortir des rangs qui peuvent vous être assignés, car instruits par tant de revers passés qui nous ont sensiblement touchés, nous serons dorénavant tous là sans exception pour veiller nuit et jour sur notre malheureuse protégée qui commence à se relever pour ne plus se laisser terrasser ni enchaîner. Sachez que ses fils feront bonne garde encore et qu'aucun d'eux ne souffrira plus que qui que ce soit vienne furtivement se prévaloir devant elle, à défaut de belles et bonnes qualités, de certains titres plus ou moins contestés ou contestables, la France entre les mains de M. Thiers étant cette jeune fille innocente et pure, dont la main n'est pas encore promise et dont on ne doit pas forcer l'inclination.

Vous m'appartenez tous, et je n'appartiens à personne, dit la Patrie. Mettez-vous sur les rangs et venez me faire la cour. Mais vous, M. Bonaparte, ne venez pas alléguer que vous êtes le neveu de Napoléon Ier; vous, M. Chambord, ne venez pas me dire que plusieurs de vos ancêtres ont été de grands rois, à part quelques peccadilles; et vous autres, Messieurs les d'Orléans, que Louis-Philippe était un souverain débonnaire, car je saurais immédiatement me mettre à l'abri de vos importunités, en vous observant avec raison qu'il me faut des garanties sérieuses et personnelles, et que je ne veux plus m'en rapporter aux lumières d'un seul homme, ni dépendre du caprice d'un individu quelconque : je dois être le centre vers lequel, pour m'éclairer, viendront converger tous les rayons lumineux.

Si la société exige des connaissances spéciales de la part de tous ceux qu'elle enrôle dans ses divers services, la France ne doit-elle pas exiger aussi des connaissances supérieures chez tous ceux qui font mouvoir les rouages de ses diverses administrations, et comme personne n'est universel, ne lui importe-t-il pas qu'elle soit dirigée aussi par plusieurs sujets compétents dans chacun de ses rôles ?

Maintenant prenez-en votre parti, Messieurs les évincés, qui vous couvrez sans cesse d'un voile épais de ridicule en objectant toujours que la fortune et la naissance doivent être portées en ligne de compte. Heureusement il n'en est plus ainsi. Que votre colère, Messieurs les Bonapartistes, les Légitimistes et les Orléanistes, dans vos paroles follement emportées n'aille pas cependant trop loin, car vous savez que je me suis proposé de vous signaler la route à suivre pour que vous puissiez conquérir non-seulement la majorité des suffrages, mais encore pour parvenir à la plus haute des dignités : la considération générale. Je remplirai ma tâche jusqu'au bout.

Vous êtes tous, Messieurs les prétendants, entourés de partisans ou courtisans plus ou moins nombreux et plus ou moins riches les uns que les autres. Commencez de suite par leur faire comprendre que n'ayant pas les qualités requises vous ne pouvez pas, par conséquent, prétendre à arriver au but après lequel vous avez toujours soupiré jusqu'ici, et qu'au lieu de l'intérêt privé qu'ils recherchent en voulant malgré votre volonté vous élever sur le pavois, ils doivent dans l'intérêt général employer leur temps et au besoin leur argent à faire une étude approfondie des bonnes qualités de chacun de leurs semblables ou des divers membres de la circonscription dans laquelle ils se trouvent placés, afin de pouvoir choisir parmi eux les plus capables d'étayer l'édifice social que vous avez tant bouleversé vous-mêmes. Après une telle recommandation et une pareille observation, représentez-leur que ce serait le comble de l'injustice que de vous voir hissés par eux, nous ne disons pas sur le premier jalon, mais encore sur l'un des jalons de l'échelle sociale au détriment de tout autre sujet qu'ils reconnaîtraient plus apte que vous à y placer.

Faites-leur entrevoir de temps en temps que vous n'avez pas oublié les vers suivants d'un célèbre poëte dont on a pris soin d'orner votre mémoire durant votre enfance :

> « Détestables flatteurs, présent le plus funeste
> « Qu'ait pu faire aux mortels la colère céleste. »

Pour leur donner ensuite des preuves de la sincérité de vos paroles, prêchez-leur d'exemple en adoptant des moyens bien propres à les détourner insensiblement de vous et à les gagner peu à peu à la cause du *bien public*, c'est-à-dire au seul gouvernement qui puisse relever et raffermir notre crédit, rallier tous les esprits honnêtes et sincères, écarter les intrigants; au seul gouvernement qui puisse être le gouvernement de tous, former une vaste compagnie ou plutôt une ligue générale pour parer à tous les coups, même les plus imprévus, une immense association contre n'importe quels dangers.

Oui, Messieurs, en leur prêchant d'exemple, commencez par bannir à tout jamais de votre vocabulaire ces mots de *bonapartisme*, de *légitimité*, d'*orléanisme*..., synonymes de tyrannie, d'absolutisme, de despotisme, et procédant comme ci-dessus et ainsi qu'il suit, vous pourrez encore, peut-être, bien mériter de la patrie, de l'humanité et gagner même l'estime et l'affection d'un grand nombre de vos concitoyens.

Hâtez-vous toutefois d'agir et de suivre nos conseils, car vos adulateurs et autres qui cultivent plutôt votre bourse que votre connaissance pourraient rougir du métier qu'ils exercent et vous abandonner totalement en s'éclipsant pour toujours. Vous concevez que dans ce cas vous perdriez tout le mérite de la généreuse initiative que vous avez l'immuable résolution de prendre.

Personne n'ignore, Messieurs, que vous êtes immensément puissants, personne ne méconnaît même l'emploi que vous avez fait jusqu'à présent de votre fortune à laquelle il faut donner une destination nouvelle. Si vous ne vous en êtes servis que pour fomenter le désordre, pour semer la désolation, les ruines et la mort, usez-en maintenant pour relever la chaumière du paysan, pour envoyer ses enfants à l'école, pour retirer la jeune fille du chemin de la perdition, pour secourir les artistes, pour subvenir aux premiers besoins de tant d'employés sans ouvrage, de tant de négociants ruinés, de tant d'ouvriers sans pain et pour ainsi dire sans asile, et vous exercerez sur ces différentes classes si intéressantes un doux et bienfaisant empire.

Messieurs les Bonapartistes, les Légitimistes et les Orléanistes, nous vous avons découvert la bonne route, suivez-la. Nous vous avons donné de sages avis, ne les méconnaissez pas. Le pays est fatigué de vos combinaisons. Il déteste ce que vous nommez vos priviléges. Vous avez vu qu'il ne peut en avoir pour personne. Il ne veut ni fantaisie, ni caprice, ni hasard ; il veut la règle, la loi, l'ordre. Il veut un souverain qui l'élèvera, le grandira, et qui par ses connaissances et ses vertus le placera sur la route certaine du bonheur et d'un brillant avenir, et ici nous nous réjouissons ouvertement, car celui qui est l'objet de notre choix, réunit à lui seul la bravoure, le dévouement et le génie, et il est de plus immortel. Vous lui donnerez le nom que bon vous semblera ; quant à nous, qui lui prêtons aujourd'hui un éternel serment d'amour et de fidélité, nous l'appellerons : Gouvernement de la nation par la nation.

233 — Paris. — Imprimerie Cusset et Cⁱᵉ, rue Racine 26.